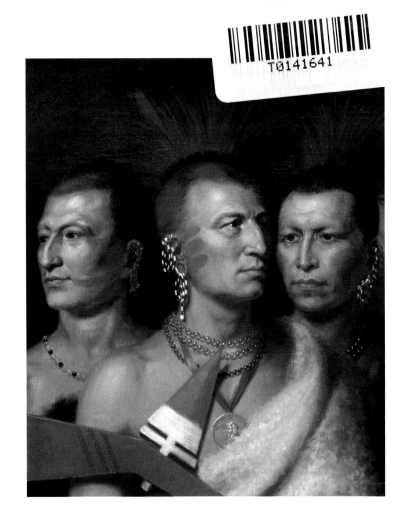

Los **indígenas norteamericanos** en el **siglo** XIX

Roben Alarcon, M. A. Ed.

Índice

Un conflicto en aumento

En el siglo XIX, Estados Unidos era un país en crecimiento. Los colonos blancos querían más tierras. Sentían que los indígenas norteamericanos se interponían en su camino al progreso. Las tribus indígenas siempre habían deambulado por las tierras con libertad. No eran los dueños de las tierras; compartían las tierras.

Estos dos grupos de personas veían la vida de modos diferentes. Llevarse bien fue una lucha para las personas en el Oeste. El gobierno buscó maneras de solucionar el problema. Decidió trasladar las tribus a **reservaciones**. Los indígenas no quedaron conformes con esta decisión. Después de esto, surgieron muchos conflictos.

◀ Mapa de América del Norte en 1826

3

El primer tratado

Los colonos de Gran Bretaña comenzaron a firmar **tratados** con los indígenas norteamericanos en el siglo XVII. Los colonos querían ser dueños de tierras en el Nuevo Mundo. Para eso, hiciero acuerdos con las tribus.

Los indígenas norteamericanos no veían la tierra del mismo modo que los colonos. Los indígenas consideraban que la comunidad debía compartir la tierra. La tierra no le pertenecía a nadie. Para los indígenas, firmar un tratado significaba que los colonos podían usar la tierra. Los indígenas no sabían que se la estaban dando a los colonos.

▼ **Este documento le prometía tierras en el Nuevo Mundo a William Penn.**

William Penn era un británico que quería mudarse a América del Norte. Antes de que Penn saliera de Inglaterra el rey Carlos II le dio tierras en las colonias. Cuando llegó, vio que los indígenas délawares vivía en su nuevo hogar. Penn quería mantener la paz en el área. Por eso, pidió comprar las tierras a los indígenas.

Ambas partes acordaron un precio. Este fue el primer tratado en América del Norte. Los indígenas délawares respetaban a Penn. A diferencia de otros, él jamás rompió los tratos que había hecho con ellos.

William Penn

Diálogo con la tribu

William Penn aprendió a hablar la lengua de los indígenas délawares. Quería hablar con los indígenas sin un **intérprete**. Un intérprete es una persona que traduce entre lenguas diferentes.

Los hijos del Sr. Penn

William Penn tuvo dos hijos que no fueron tan honestos como su padre. Sus hijos engañaron a los indígenas délawares. Los hijos dijeron que los indígenas habían firmado otro tratado con William Penn. Supuestamente, el tratado decía que Penn obtendría todas las tierras que pudiera recorrer en un día y medio. Seleccionaron tres hombres para que caminaran tan lejos como pudieran en un día y medio. Un hombre caminó 65 millas (105 kilómetros). Los indígenas délawares se sintieron engañados.

▲ Estos hombres ganaron la tierra para los hijos de William Penn.

Los primeros tratados

Los tratados con los indígenas norteamericanos se hicieron más comunes con el paso de los años. Algunos fueron pacíficos. El gobierno ofrecía comprar tierras a los indígenas. A cambio, recibirían nuevas tierras.

A menudo las tribus indígenas tuvieron problemas con estos tratados. Algunas veces había más de una tribu que reclamaba la propiedad de la misma área. Otras veces, el jefe firmaba un tratado sin el permiso de la tribu. Muchas veces, los jefes recibían regalos si firmaban tratados.

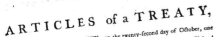

◀ Ejemplo de un tratado de 1785

Bienes adicionales

En algunos tratados, se prometía a los indígenas bienes que los ayudarían a vivir. El gobierno les daba bienes como ropa, herramientas de agricultura, alimento y hasta caballos.

▲ Firmas en un tratado

Los tratados cambiaron

En los primeros tratados, los indígenas estaban a cargo de su propia tierra. Si una persona ingresaba a su área, la tribu podía "castigar a esta persona como mejor le pareciera". En tratados posteriores, Estados Unidos resolvía los problemas de otra forma. Los indígenas debían llevar a quienes infringían las leyes ante el gobierno de Estados Unidos. No importaba de qué raza fuera el infractor. Esta persona era juzgada según las leyes de Estados Unidos.

Jefes como este fueron ▶ muy importantes para el éxito de una tribu.

En 1814, el gobierno de Estados Unidos comenzó una nueva **campaña**. Tenía planes para trasladar las cinco tribus más grandes hacia el Oeste. Se firmó un tratado tras otro, pero las tribus no quisieron mudarse. Firmaban los documentos solo para complacer al gobierno. Y como nadie obligaba a los indígenas a irse, la mayoría se quedó en el Este.

Muchos indígenas comenzaron a comportarse como los colonos blancos. Esperaban que si cultivaban o tenían esclavos podrían quedarse en su tierra.

Ley de traslado forzoso de los indios

En 1830, el Congreso aprobó la ley de traslado forzoso de los indios. Esta ley le dio al presidente el derecho a obligar a las tribus trasladarse al oeste. Esto afectó a las tribus que vivían al este del río Misisipi. Cualquier tribu podía ser trasladada a territorio indígena.

El territorio indígena era la tierra del lado oeste del río Misisipi. Esta tierra estaba **reservada** para las tribus. Por eso se usa la palabra *reservación* para describir el lugar en el que vivían las tribus. El gobierno prometió que los colonos blancos jamás podrían acceder a esas tierras.

Las cinco tribus civilizadas

Las tribus chéroqui, chíckasaw, choctaw, creek y seminola eran conocidas por los colonos como las "cinco tribus civilizadas". Estas tribus eran "civilizadas" porque comenzaron a renunciar a su cultura indígena. Comenzaron a actuar igual que los colonos.

La ley de traslado forzoso ▶ de los Indios de 1830

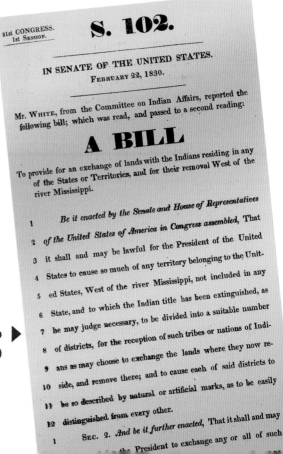

8

Escondite de los fugitivos

Las tierras llamadas "territorio indígena" también eran el escondite de los esclavos fugitivos del Este. Los esclavos fugitivos sabían que era un lugar seguro para esconderse de sus dueños.

Los esclavos que se ▶ escapaban de las plantaciones en el Sur, viajaban al oeste para estar seguros.

Si un indígena lo decidía, no tenía que mudarse con su tribu. El gobierno aceptó dar a los indígenas la **ciudadanía** estadounidense si se quedaban en el Este y eran productivos. Algunos miembros de las tribus intentaron ese modo de vida. La mayoría de los miembros de esas tribus pronto comenzaron a extrañar su **cultura** nativa. Por eso, se unieron a sus tribus en el Oeste.

En esa época, nadie imaginaba que Estados Unidos seguiría creciendo. Nadie creyó jamás que los colonos querrían vivir al oeste del río Misisipi. Estaban equivocados.

Traslado hacia el Oeste

Bandos de indígenas choctaws firmaron un tratado con el gobierno de Estados Unidos. Sin embargo, no todos los miembros de la tribu se mudaron. Algunos choctaws decidieron quedarse en Misisipi e intentar adaptarse. Vivir como los colonos blancos era difícil para los indígenas. Con el tiempo, casi todos los miembros de la tribu choctaw se mudaron a las reservaciones.

No mucho tiempo después, los indígenas de la tribu chíckasaw también firmaron un tratado y se mudaron. Vivían con los choctaws. Los chíckasaws les pagaron a los choctaws para quedarse en sus tierras.

Los seminolas y los creeks no se iban a ir tan fácilmente. No abandonaron su suelo nativo sin dar pelea. Después de muchas batallas sangrientas, ambas tribus fueron finalmente trasladadas al territorio indígena.

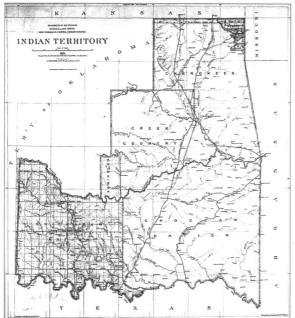

Un viaje amargo

Un grupo de indígenas choctaws se mudó al oeste en 1831. Durante el viaje, quedaron atrapados en una terrible tormenta de invierno. Muchos miembros de la tribu tuvieron que caminar descalzo en la nieve durante 24 horas.

◀ Este mapa muestra cómo se asentaron las tribus en las reservaciones en el territorio indígena.

Muerte en el Sendero

El Sendero de Lágrimas fue bautizado por los indígenas chéroquis como "el lugar en el que lloraron". Fue un viaje increíblemente difícil. Muchas personas murieron a causa de enfermedades y las malas condiciones.

▼ Indígenas chéroquis en el Sendero de Lágrimas

Algunos indígenas chéroquis firmaron un tratado para trasladarse sin la aprobación del resto de la tribu. El gobierno ratificó el tratado de todos modos. Les dieron dos años para trasladar toda la tribu. Debido a que muchos no habían estado de acuerdo con la firma del tratado, se negaron a irse. Llegaron tropas del gobierno para sacarlos. El pueblo chéroqui no tuvo ni tiempo de reunir sus pertenencias. Tuvieron que caminar muchas millas. Esta larga caminata se conoció como el Sendero de Lágrimas.

La guerra de Nube Roja

Los indígenas lakotas vivían en el área donde hoy están Dakota del Norte, Dakota del Sur, Montana y Wyoming. En el área, había suficientes bisontes para los indígenas y los colonos. Los colonos blancos no molestaban a los indígenas con frecuencia. Pero eso cambió cuando se descubrió oro en la región.

Dos hombres de montaña trazaron una ruta llamada la ruta Bozeman. Esta ruta atravesaba el territorio lakota. Para obtener el oro, los mineros comenzaron a recorrer la ruta en grupos numerosos.

Un jefe lakota, Nube Roja, quería que cerraran la ruta Bozeman. Los mineros y los carruajes molestaban a los bisontes. Cazar era cada vez más difícil. Los lakotas empezaron a amenazar a todos los que transitaban por la ruta. Los viajeros pidieron protección al gobierno.

▼ El jefe Nube Roja

¿Qué hay en un nombre?

En muchos libros de historia, sioux es el nombre que se utilizaba para describir a la mayoría de las tribus que vivían en las grandes llanuras del norte. Sin embargo, los indígenas prefieren ser llamados por los nombres de sus tribus: dakota, nakota y lakota. No quieren que los llamen por un nombre que otros les pusieron.

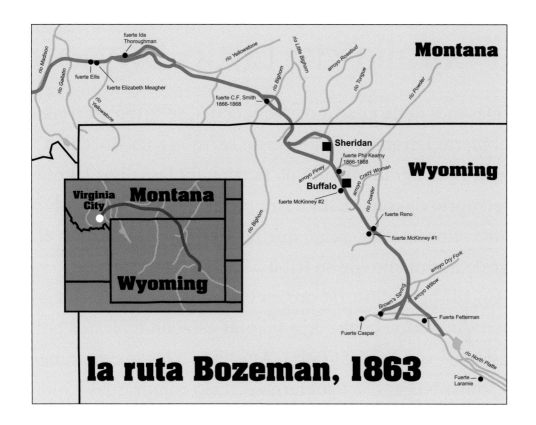

la ruta Bozeman, 1863

Las **autoridades** del gobierno de Estados Unidos sabían que tenían que hacer algo. No querían que los mineros fueran atacados mientras recorrían la ruta. El gobierno se reunió con Nube Roja y otros jefes para encontrar una solución. Durante la reunión, Nube Roja notó que había tropas del ejército en la ruta. Las tropas estaban construyendo fuertes. Nube Roja se dio cuenta de que la reunión no importaba realmente. El gobierno planeaba dejar la ruta abierta. ¡Estaba furioso!

Bandos de lakotas se unieron y atacaron los fuertes. Muchos soldados murieron. El gobierno también halló difícil la tarea de proteger la ruta. El ejército se marchó y los lakotas quemaron los fuertes. Esta fue una victoria importante para Nube Roja y su pueblo.

La batalla de Little Bighorn

Después de la guerra de Nube Roja, se firmó un tratado en el fuerte Laramie. El gobierno cerró la ruta Bozeman. Se apartó una gran porción de tierra para las tribus lakotas en territorio dakota. Esta tierra incluía las **sagradas** Colinas Negras. Los lakotas creían que las Colinas Negras eran el lugar de nacimiento de su tribu.

En 1874 encontraron oro en las Colinas Negras. Llegaron mineros de todo el país. Los lakotas estaban molestos por la invasión de su tierra sagrada. Atacaban a los que entraban a las Colinas Negras. El gobierno ofreció comprar las Colinas Negras, pero los lakotas se negaron a venderlas.

Pago por las Colinas Negras

En 1923, los lakotas demandaron a Estados Unidos por tomar las Colinas Negras. Cincuenta y seis años más tarde, los tribunales decidieron que los lakotas debían recibir un pago. La tribu obtuvo $105 millones. Los lakotas rechazaron el dinero. No querían que les pagaran sino que les devolvieran sus tierras.

▲ Las Colinas Negras en territorio dakota

Recuerdo de la batalla

En 1991, se creó un monumento para los indígenas que perdieron la vida en Little Bighorn. El nombre del campo de batalla también se cambió de Monumento Nacional al Campo de Batalla de Custer a Monumento Nacional Little Bighorn.

▼ **La batalla de Little Bighorn**

George A. Custer

El jefe lakota, Toro Sentado, trasladó su bando a su campamento e verano a lo largo del río Little Bighorn. En el campamento, ambién había indígenas cheyennes. El ejército de Estados Unidos nvió tropas para obligarlos a volver a la reservación.

El general George Custer ya era famoso por los años que había eleado en la guerra de Secesión. Dirigió sus tropas con dureza mandó a sus hombres a atacar a los lakotas. Había muchos más ndígenas de los que Custer esperaba. El general Custer y sus ombres perdieron la batalla y sus vidas.

El jefe Joseph y los nez percé

El jefe de los indígenas nez percé firmó un tratado en 1855. Este tratado le daba a su pueblo una reservación en Oregón y en Idaho. Un tiempo después, se encontró oro en la tierra de los indígenas nez percé. Entonces el gobierno quiso cambiar los **límites**. Quería hacer más pequeña la reservación.

Se redactó un nuevo tratado, pero el jefe no lo firmó. No querí entregar ninguna parte de la tierra de su tribu. Cuando murió en 1871, su hijo se convirtió en el nuevo jefe. El nombre del nuevo jef era Joseph.

El Napoleón rojo

Los periódicos estadounidenses llamaban al jefe Joseph "El Napoleón rojo". Lo consideraban un excelente líder en las batallas. En la actualidad, algunos historiadores creen que otros indígenas nez percé eran los que realmente estaban a cargo de las batallas. El jefe Joseph estaba principalmente a cargo de hablar para la tribu.

El jefe Joseph de los nez percé ▶

El jefe Joseph intentó que el gobierno cambiara de parecer. Sin embargo, los colonos blancos no se daban por vencidos. Querían más tierra. Finalmente, algunos **guerreros** jóvenes nez percé se sintieron frustrados y atacaron a los colonos blancos. De inmediato llegó el ejército de Estados Unidos para obligar a los nez percé a trasladarse.

Los nez percé intentaron escapar a Canadá. Viajaron durante tres meses y 1,400 millas (2,250 km). El jefe Joseph dirigió a su bando en muchas batallas pequeñas contra el ejército. Finalmente, los nez percé se **rindieron** a solo 40 millas (64.4 km) de la frontera con Canadá.

Cuando se rindió, el jefe Joseph dio un discurso que se hizo famoso. Al terminar el discurso dijo: "¡Óiganme, mis jefes! Estoy cansado. Mi corazón está enfermo y triste. Desde donde el sol se encuentra ahora, ya no volveré a pelear nunca más".

▼ La tribu nez percé se rinde ante el ejército.

Danza de los espíritus

Al igual que muchas otras tribus, los indígenas lakotas no estaban felices en las reservaciones. Querían volver a su antigua forma de vida. Una **ceremonia** llamada la "danza de los espíritus" se hizo muy popular. Bailaban porque así se sentían más cerca de la vida que llevaban antes. La danza los unía y demostraba que seguían siendo una tribu.

Al gobierno le preocupaba la danza de los espíritus. Creía que esta danza era una forma de rebelión. Se enviaron tropas para calmar a los indígenas. Los líderes militares también querían interrogar al jefe lakota, Toro Sentado. Sabían que era un gran líde en la tribu lakota. Tal vez él podía ayudar a detener esta ceremoni:

Cómo bailar la danza de los espíritus

La danza de los espíritus era distinta de las danzas indígenas usuales. No había tambores. Los pas comenzaban lentos, com arrastrados, y luego iban más y más rápido. Lo m: inusual era que las muje y los niños tenían permi unirse a la danza.

Toro Sentado conocía la danza de los espíritus porque formaba parte de la cultura de su tribu. Pero no incentivaba a la tribu a realizar la danza. La policía lakota lo arrestó. Los amigos de Toro Sentado intentaron liberarlo. Dispararon a un oficial de la policía lakota. Mientras caía al suelo, el oficial disparó su arma. La bala dio en el pecho de Toro Sentado. Otro oficial de policía, Hacha Roja, le disparó a Toro Sentado por detrás de la cabeza. El gran jefe lakota había muerto.

La visión de Toro Sentado

Toro Sentado tuvo **visiones** místicas en su vida. En una de ellas, un turpial le dijo que su propia gente lo asesinaría. Esto lo molestó mucho. Con el paso de los años, contó la historia muchas veces. Es triste que su visión se hiciera realidad cuando los oficiales de la policía lakota le dispararon.

◀ El jefe Toro Sentado de los indígenas lakotas

La masacre de Wounded Knee

Otro jefe lakota, conocido por el ejército como Pie Grande, se enteró de la muerte de Toro Sentado. Aunque Pie Grande era un hombre viejo, el gobierno quería capturarlo. Decidió buscar al jefe Nube Roja en la reservación Pine Ridge en el territorio dakota. El jefe Nube Roja había prometido a otros indígenas que los protegería del ejército.

Cuando el jefe Pie Grande y su bando estaban llegando a la reservación Pine Ridge, tropas del ejército los detuvieron. El bando se rindió. Los llevaron al arroyo Wounded Knee a pasar la noche.

▼ **Diagrama de la batalla de Wounded Knee**

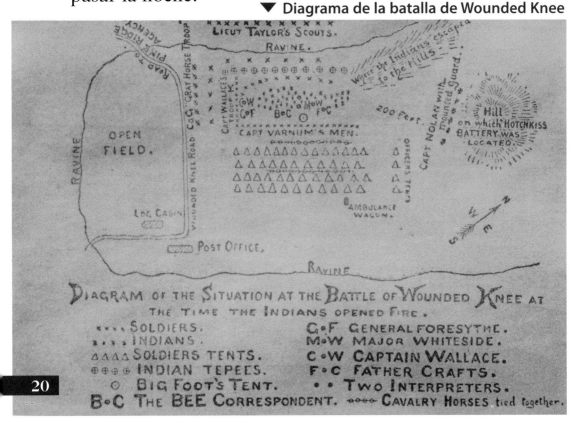

Al día siguiente, los soldados exigieron a la tribu que entregara todas sus armas. Los indígenas lakotas fueron revisados y tratados con dureza. Un hombre lakota se negó a entregar su arma. Un soldado intentó quitársela y se disparó al aire. Comenzó una batalla. Muchos de los indígenas no pudieron defenderse porque no tenían armas. Cientos de hombres, mujeres y niños fueron asesinados.

Protesta de Wounded Knee

Ochenta y tres años después de Wounded Knee, los indígenas lakotas organizaron una protesta. Querían que el gobierno revisara todos los tratados indígenas. Sentían que a los indígenas les habían arrebatado mucha tierra mediante engaños.

▼ La masacre de Wounded Knee

Un joven jefe Pie Grande

La vida en las reservaciones

Los indígenas estadounidenses lucharon para no ir a las reservaciones. Esa forma de vida era muy distinta de la vida en libertad que habían gozado. Querían la libertad de recorrer las mismas regiones que siempre habían recorrido.

Al principio, las reservaciones eran simples parcelas de tierra destinadas a las tribus. Los indígenas podían hacer lo que querían, pero solo en las áreas que les habían asignado. Pero después, las reservaciones se convirtieron en pequeñas comunidades. Se contrataron **agentes** para que estuvieran a cargo. Su trabajo era entregar los alimentos y suministros que enviaba el gobierno. Se suponía que los agentes también protegerían a las tribus y les enseñarían habilidades. Tristemente, muchos de estos agentes eran hombres deshonestos. En lugar de ayudar a las tribus, les hacían daño.

◄ Se establecieron lugares en las reservaciones para la distribución de alimentos y otros artículos.

Internado

Algunos niños indígenas norteamericanos tomaban clases en internados. El objetivo de estas escuelas era enseñar a los niños indígenas las costumbres de los colonos blancos. Los alumnos aprendían a hablar inglés, así como a leer y escribir.

▲ Reservación Pine Ridge en Dakota del Sur

La reservación más grande

Hoy en día, hay 275 reservaciones indígenas en Estados Unidos. La más grande es la reservación de los návajos. Se encuentra en parte de tres estados distintos: Arizona, Nuevo México y Utah.

En la actualidad, todavía existen reservaciones indígenas. Hoy son los miembros de las tribus los que dirigen las reservaciones. Las reservaciones son como pequeñas naciones. La mayoría incluso tiene constituciones que definen las reglas y la forma de vida.

El siglo XIX fue un período doloroso para los indígenas norteamericanos. Es difícil imaginar lo que sintieron cuando los obligaron a mudarse a las reservaciones. Las tribus tenían creencias muy marcadas sobre su forma de vida. Creían que nadie era dueño de la tierra. Los indígenas querían compartir y respetar los recursos de la tierra. Las culturas de los indígenas norteamericanos han cambiado con los años, pero muchas tribus persisten orgullosas hasta la actualidad.

Glosario

agentes: personas enviadas por el gobierno para trabajar en las reservaciones

autoridades: personas a cargo

bandos: partes más pequeñas de una tribu que viven y trabajan juntas

campaña: plan de eventos con el fin de alcanzar un objetivo

ceremonia: un evento que se lleva a cabo debido a una tradición o costumbre

ciudadanía: ser miembro de un estado o país

cultura: forma de comportarse que es la misma para todo un grupo de personas

guerreros: hombres indígenas jóvenes y valientes que combatían para proteger sus tribus

intérprete: una persona que traduce entre diferentes lenguas

límites: orillas externas de un área de tierra

ratificó: oficialmente acordó o aprobó

reservaciones: tierras asignadas especialmente para que los indígenas vivan y trabajen

reservada: apartada o guardada

rindieron: renunciaron al poder o el control

sagradas: santas o dignas de respeto

tratados: acuerdos o contratos entre grupos

visiones: sueños que predicen el futuro; pueden suceder cuando uno está dormido o despierto